中华爱国
人物故事
ZHONGHUA AIGUO RENWU GUSHI

梅岭忠魂方志敏

张国华　颜晓郁　编著

吉林人民出版社

图书在版编目(CIP)数据

梅岭忠魂方志敏 / 张国华, 颜晓郁编著. -- 长春:
吉林人民出版社, 2011.5
(中华爱国人物故事)
ISBN 978-7-206-07838-5

Ⅰ.①梅… Ⅱ.①张… ②颜… Ⅲ.①方志敏(
1900～1935)-生平事迹 Ⅳ.①K827=6

中国版本图书馆CIP数据核字(2011)第075701号

梅岭忠魂方志敏

MEI LING ZHONGHUN FANG ZHIMIN

编　著:张国华　颜晓郁

责任编辑:丁　昊　　　　　　封面设计:七　洱
吉林人民出版社出版 发行(长春市人民大街7548号　邮政编码:130022)
印　　刷:鸿鹄(唐山)印务有限公司
开　　本:670mm×950mm　　　　1/16
印　　张:8　　　　　　　　字　　数:70千字
标准书号:ISBN 978-7-206-07838-5
版　　次:2011年5月第1版　　　印　　次:2023年6月第4次印刷
定　　价:35.00元

总　序

胡维革

　　《中华爱国人物故事》是一套故事丛书。它汇集了我国历史上80位古圣先贤、民族英雄、志士仁人、革命领袖、先进模范人物的生动感人史迹，表现了作为中华民族优秀传统的伟大的爱国主义精神。

　　爱国主义是人们对于"生于斯、长于斯、衣食于斯"的祖国的一种神圣感情，是人们对于自己民族的一种强烈的责任感和使命感，是感召和激励整个中华民族的一面永不褪色的旗帜。在漫长的历史上，爱国主义一直激励着中华儿女为祖国的独立、统一、进步和繁荣而英勇奋斗。从伟大的思想家教育家孔子到统一全国的千古一帝秦始皇，从秉笔直书著《史记》的司马

迁到鞠躬尽瘁死而后已的诸葛亮,从伟大的浪漫主义诗人李白到精忠报国的民族英雄岳飞,从七下西洋传播友谊的郑和到抗击倭寇的民族英雄戚继光,从苟利国家生死以的林则徐到为变法流血的第一人谭嗣同,从威震敌胆的抗联将军杨靖宇到人民音乐家聂耳与冼星海,从踏遍青山人未老的李四光到万婴之母林巧稚,从县委书记的好榜样焦裕禄到情系雪域献身高原的孔繁森……都表现出了强烈的爱国主义精神。正是由于热爱祖国的人们前仆后继地奋斗,国家和民族才得以生存,历经一次次历史危机关头而能转危为安,走向兴盛和富强,从而屹立于世界民族之林。爱国主义是鼓舞中华儿女历经忧患、跨越沧桑、百折不挠、自强不息的伟大力量,它贯穿于中华民族的整个历史,并有力地凝聚着五洲四海的中国人。

爱国主义是一个历史的范畴,在社会发展的不同阶段、不同时期有着不同的具体内容。革命时期,需要我们为祖国的独立自主出生入死;建设时期,需要我们为祖国的繁荣富强增砖添瓦;在全国各族人民团结一心建设富强、民主、文明、和谐的社会主义现代化国家的今天,我们要争做一名新时期的爱国者。新时期的爱国者要有强烈的民族自尊心和自豪感。民族自尊心和自豪感是任何时期任何爱国者都必须具备的情感。民族自尊心能增强我们自立向上的恒心,民族自豪感能树立我们建设祖国的信心。要树立"祖国高于一切"的崇高信念,为了祖国和人民的利益不惜抛却个人的利益,甚至不惜牺牲个人的生命。要树立终身学习的理念,拓

宽自己的知识面,广泛吸收新知识新技术,完善自身的知识结构,更新学习知识的方法与理念,从思想上、知识上充分武装自己,为祖国的繁荣昌盛贡献力量。

　　爱国主义思想的继承和发扬,是关系到民族盛衰、国家兴亡的根本问题。一代代人爱国主义思想情操的形成,需要不断地培养。培养爱国主义的一个重要途径是向爱国主义的英雄人物和典范事迹学习。这套丛书的出版,对于人们向英雄和先进人物学习,特别是对于在中小学生中进行爱国主义教育,将可提供一些生动的教材。祝愿此书出版发行成功,为培养"四有"新人作出贡献。

于 2011 年 4 月 23 日

世界读书日

中华爱国人物故事

编 委 会

策 划：胡维革　吴铁光
　　　　林　巍　李达豪
主 编：胡维革　邢万生
副主编：贾淑文　吴兰萍
编 委：(按姓氏笔画为序)
　　　　于二辉　门雄甲
　　　　刘士琳　刘文辉
　　　　孙建军　李相梅
　　　　李艳萍　杨九屺
　　　　谷艳秋　陈亚南
　　　　隋　军　韩志国

目录
CONTENTS

目 录。
CONTENTS

湖塘少年的思考

弋阳县，位于江西省东北部。信江自东北蜿蜒流入，经西南出境汇入鄱阳湖。浙赣铁路通车之前，弋阳是江西东部横贯东西、连接南北的咽喉之地。九区漆工镇，在弋阳北乡，距县城30公里，沿漆工镇东北方向步行1公里左右，有一个湖塘村。村庄背靠两座低矮的山冈，山冈上树木茂密，一片青翠；村边有3口清浅的池塘，蓄水养鱼兼作灌溉。塘前是稻浪千重的大田坂。一股碧绿的溪水流经田坂，绕过村庄，从一座洁白的石拱桥下，潺潺

少年方志敏

地流向左边的树林中。

1899年农历七月，湖塘村一个世代务农的大户人家，喜气洋洋，出出进进的妇女们乐得合不拢嘴，里里外外忙个不停，原来方家又添了一个可爱的男孩。祖父方长庚老人给孩子取名远镇，家里人都习惯叫他的乳名正鹄，人们熟知的却是他的学名志敏。从事革命活动后，曾化名李祥松、汪祖海、徐松柏。

方志敏的童年时代，帝国主义的侵略日渐加深，官府的苛捐杂税日渐加重，地主劣绅的巧取豪夺日渐加甚，加上连年的水旱灾害，使农村经济急剧衰退，方家也随着败落下来。方志敏的父亲方高翥，是位勤劳朴实的农民，为了供养孩子外地求学，不但卖了部分祖田，还负了七八百块银圆的高利贷。方志敏的母亲金香莲，是位善良谦和、持家勤俭的女性。姐姐嫁给德兴县（今德兴

湖塘村全貌

市）张村沙路一户农民，他们夫妇都为掩护革命同志出过不少力。弟弟方志慧很早就参加了革命，曾负责苏区贸易工作，1933年7月任红10军战斗模范团87团团长时，在贵溪宛港战斗中不幸牺牲，年仅26岁。方志敏的叔伯和兄弟中为革命献身的，就有方高显、方远辉、方远杰等多人，可以说是忠烈满门。

由于出身农家，自小参加劳动，方志敏对农村生活和农民痛苦有着切身的感受。少年时代的方志敏就具有敬老恤贫的品德。路上遇着老人家上坡下岭，不论熟识与否，他立即近前扶搀，村里孤寡老人生病无人照料，他不止一次主动帮助送茶送水，还到镇上去代为买药。有一年春节前夕，他得知一位远房的婶母无钱买盐，便

方志敏的弟弟方志慧

方志敏的挚友邵式平

毫不犹豫地把自己卖草药
换来的钱慷慨捐助。

方志敏对接触到的一
些农村黑暗和人世间的不
平，开始经常自问："为什
么村里农民一年到头，拼
命苦做，终究不够生活；
为什么农家整年不见肉面，
连一块小猪肉，也要留下
涂几十回的锅；不买盐而
吃淡菜；热天不穿衣服，
宁愿让太阳晒脱一身的皮；

青年时期的方志敏

晚上不点灯，宁愿摸黑；生病不吃药，宁愿病死；荒年
就吃树皮、草根、观音土；租和债逼紧时，就出卖儿子
老婆，或吊颈投水……"这时的方志敏已经开始了对社
会改革的思考，对人生道路的探索。

有一次，他路过一家破旧的宅院前，只见门前闹嚷
嚷地围着一群观众，里面传出粗重的吆喝声和悲切的哭
泣声。走进一看，原来是"鼎丰商号"的账房先生带着
几个狗腿子，一手拿着算盘，一手拿着账本，向屋内的
一位寡妇厉声逼债。为了还债，她的丈夫已活活累死；
由于太穷，眼睁睁地望着儿子病死。如今，孤苦伶仃的

梅岭忠魂方志敏
MEI LING ZHONGHUN FANG ZHIMIN

她，仅剩破衣烂衫、锅盆碗勺了，还要拿去抵债，真是要把她逼上绝路啊！她急得昏死过去，干枯的身体、惨白的脸、布满老茧的手……令人目不忍睹。

方志敏气愤极了，咬着牙暗暗发恨："鼎丰商号"的狗财主总有一天让你死在我手里，邵襄臣这个老家伙我一定要败你的家！

不久，旧历年的除夕到了。这天，当村里的孩子们欢天喜地准备过年的时候，方志敏不声不响暗中扎了一个稻草把，等到"鼎丰商号"关起"财门"，开始"爆竹一声除旧"的时候，他把稻草浸入茅厕，蘸上一大堆粪便，上面插张白纸条，歪歪扭扭写上："抬头见鬼，开门

方志敏故居位于弋阳县漆工镇湖塘村，是一栋普通的农舍。1899年8月21日，方志敏出生在这里。

招灾"八个大字，端端正正地摆在"鼎丰商号"那贴有"生意兴隆通四海，财源茂盛达三江"红对联的门缝正中。这个"财神菩萨"邵襄臣，年初一清早打开"财门"，准备"招财进宝"的时候，就碰上这件不吉利的事，真是欲怒不得，欲罢不甘。很快，九区一带贫苦农民就传开了这个新闻，个个眉飞色舞，满心称快。至今，漆工镇的老人谈起这件事，仍然津津乐道。

叠山书院

位于弋阳城东、信江北岸，是为纪念南宋著名爱国志士、杰出诗人谢叠山，于1313年修建，是民族英雄方志敏的母校。1916年方志敏考入县立高小。在这里，他建立起赣东北第一个青年进步团体，开始踏上革命道路。

方志敏从小就勤奋好学。8岁那年，就把《三字经》《百家姓》《昔时贤文》之类的书烂记在心，相当于启蒙儿童三年所读的书，是同学中年龄最小、成绩最好的一个。被先生夸为"奇才"。11岁那年，村里私塾因大旱闭馆，方志敏便转到高

桥严常新的私塾搭学。第二年，严常新被"北乡王"大劣绅张念诚聘请到烈桥设学馆，方志敏又随严先生到烈桥就读。方志敏开始对老八股不感兴趣了，功课之余，阅读一些传播改良主义和民主思想的文章。一次他弄到一本《启蒙画报》，这份画报图文并茂，内容丰富，既有介绍天文地理方面的科学知识，又登有一些历史典故。特别是介绍中国的诸葛亮、范仲淹；外国的拿破仑、华盛顿、牛顿、瓦特等名人的轶事，使方志敏感兴趣极了。接触了这些新知识以后，方志敏的眼界大为开阔了。

在烈桥学习一年以后，方志敏对枯燥无味的私塾学习生活已经厌倦，也对张念诚的行径感到憎恶。因此他便结束了在私塾的学习生活。17岁时，考入弋阳县立高等小学校，校址在弋阳县城东门"叠山书院"。在弋阳高小，他依然是一个读书极用功的学生。由于他思想敏锐，

方志敏的母校——叠山书院

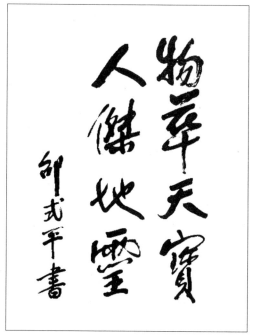

邵式平书法作品

听课专注，勤奋好学，各科成绩都名列前茅，因此经常受到老师的称赞。同学们见他追求科学知识，留心国事，待人诚恳热情，于是便成为同学喜爱的中心人物。他与邵式平三年同班，朝夕不离，情投志合，结为挚友。

那时，鼓吹民主，提倡民权，反对旧文化，提倡新文化等不满现状的文章和小册子很为流行。方志敏是一个憎恶黑暗，渴求光明的新青年，对于这类的文章和小册子，只要一到手，就废寝忘食地仔细阅读。同时，受各地青年学生和知识分子集会结社风气的影响，方志敏也将九区在校的学生，组织了"九区青年社"，利用课余或假日聚集到一起，阅读进步书刊，谈论国家大事，探讨社会问题。方志敏还领导青年社活跃在社会上，开展了对反动文人、政客江元虎的斗争；又揭露并公布了"北乡王"张念诚的十条罪状，唤起群众对张念诚的憎恨。经过斗争的实际锻炼，方志敏他们开始认识到发动群众的重要。到了大革命特别是土地革命战争时期，"弋阳革命青年社"的会员绝大多数成了赣东北叱咤风云的革命志士，为劳苦大众的翻身解放事业作出了重大贡献。

1919年，在俄国十月社会主义革命影响下，震惊中外的反帝反封建的伟大浪潮——五四运动爆发了，北京各校的爱国学生纷纷走上街头游行示威。他们高呼口号，向北

著名雕塑家滑田友创作的浮雕《五四运动》，生动再现了1919年5月4日北京学生在天安门前集会示威游行的场面。

洋军阀政府请愿，要求惩办曹汝霖、章宗舆、陆宗祥3个卖国贼。爱国学生的正义之举，却遭到北洋军阀的血腥镇压。消息传来，全国上下，特别是知识分子和青年学生，纷纷罢课游行，示威请愿，开展了

方志敏纪念碑

轰轰烈烈的抵制日货、提倡国货运动。这一波澜壮阔的反帝爱国运动，深深触动了方志敏的心弦。在方志敏和邵式平等进步学生的倡议下，弋阳高小的全体同学立即行动起来，他们一方面把从北京寄来的《告青年学生书》《告各界同胞书》等宣传品到处张贴，并写好标语口号，在县城集会游行，组织小分队，深入街头巷尾讲演，号召群众不买日货，誓死不做亡国奴；另一方面，方志敏还和一些爱国同学一起，把自己平时使用的日本制造的脸盆、牙刷、牙粉、东洋席子等日用品，毫无顾惜地全部砸碎、销毁，以表示他们自己的反帝爱国之心。

方志敏这些日用品是家里好不容易弄到几个钱为他置办的。他深知砸碎了这些东西再也无力购置，但因爱国心所驱使，也顾不得考虑这些了。人们为方志敏等的

爱国热忱所激动，很快就在学校内掀起一个"查禁日货"的热潮。弋阳这个沉寂许久的小山城沸腾起来了！

艰苦的学习生活，加上废寝忘食地参加社会活动，使方志敏的身体受到摧残，20岁那年，便染上了肺结核病，从此种下了病根。

1919年夏天，方志敏高小毕业，以优异的成绩考上了江西省立南昌甲种工业学校，人们习惯上称作"甲工"。由于勤奋好学，取得了优异成绩，享受完全免费待遇，成为同学中的佼佼者。这时，由五四运动掀起的浪花仍在翻腾，马克思列宁主义也已开始在中国传播，越来越多的青年学生关心时局，不满现状，大胆地追求新思想、新知识，寻找光明出路，方志敏成为青年学生中的杰出代表。

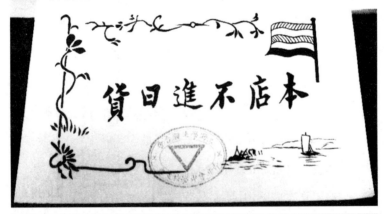

上海学生联合会印制的"本店不进日货"宣传单

> 　　葛源是赣东北革命根据地政治、军事、经济、文化的中心，方志敏、邵式平、黄道等老一辈无产阶级革命家曾在这里领导过叱咤风云的革命斗争，为中国革命写下了光辉的一页。

　　当时的"甲工"，完全为东洋系校长赵宝鸿把持，校政腐败。不少教员不学无术，依靠裙带关系，占据讲台，滥竽充数，学生十分不满。方志敏便团结一些热心同学，发起组织了"甲工"学生自治会，他被选为负责人，带领同学公开揭露学校的腐败，要求改革校政，撤换"饭桶教员"。

　　有次上英语课，教英语的吴某更是笨蛋一个。他教英语"水"这个单词，先是拖长声音，用读八股文章的腔调念"打不溜——呃依——梯——伊——啊儿——沃特儿"（Water）。然后解释说，这是鄱阳湖的水，也是太平洋的水，鄱阳湖的水与太平洋的水有什么不同呢？于是大发议论，天南海北乱扯一通，最后阴阳怪气地问："大家——听——明白了没有？"结果一节英语课，就教

赣东北特区革命互济总会入会证

了一个"沃特儿",时间就这样混过去了。像这样误人子弟的老师多得很,如此下去,学生们的前途何在?

方志敏忍无可忍,于是提笔编写了一出讽刺剧《私塾的怪现象》,来抨击"甲工"腐败的校政。当台上那个扮演塾师的演员,模仿"甲工"英语教员吴某的举止神态,以八股腔调教学生读《百家姓》上的"赵、钱、孙、李"时,摇头晃脑地讲解说:"赵就是招摇撞骗的招,钱就是死要银钱的钱,孙就是绝子灭孙的孙,李就是就在这里的里……"最后,他连贯起来,拖长声调,用手指着坐在台下前边观看的赵宝鸿及一批"饭桶教员",加重语气,一字一顿地念道:"招摇撞骗,死要银钱,绝子灭孙,都在这里!"全场观众对这种淋漓尽致的揭露和讽刺,报以哄堂大笑和热烈的掌声。赵宝鸿一伙又气又恼,铁青着脸;一个个猫着腰溜出了会场。

这次成功地演出,轰动了学校和南昌教育界。赵宝鸿恼羞成怒,决心惩治方志敏一伙人。后来双方又进行了几次面对面的争论和斗争,方志敏愤然离开"甲工"。

临别前，他对前来送行的同学说："赵宝鸿可以开除我离开'甲工'，但他开除不了我追求知识、追求光明的决心。今日分别，后会有期，你我各自珍重吧！"同学们紧握着方志敏的手，久久不肯撒开，真舍不得让他走。最后，只好含泪作别。

通过这次斗争，方志敏在南昌市进步青年学生中，名气更大，威望更高了。他不仅成为南昌公认的学生领袖之一，也已成为江西先进青年的一面旗帜。

　　中共闽浙赣省委机关旧址，是闽浙赣革命根据地党的最高领导机关，省苏维埃主席方志敏同志，于1931年兼任省委书记时就住在这里。

感恩、知恩的小志敏

　　中午的时候，村上方华根、方富鸿、方荣满、方镇玫等另外几个放牛娃好朋友和私塾同学又来邀志敏一块去抓鱼。长得四方脸的方镇玫说："先抓鱼，后戏水，真好玩哩！"

　　比志敏小几岁，站在后面的方富鸿也说："塘里莲蓬多，先剥莲蓬，后抓鱼，真有趣啊！"说着说着，不分青红皂白，就要拉着志敏，往村外跑。

　　说起抓鱼，是志敏最喜爱的把戏了，可这一回，他却不能去，他牵挂着父母亲生病离不开人，他说："不行，我要回去煎药呀！"

　　不懂事的方镇玫说："等玩够了，再回来煎药也不晚嘛！"

　　这时，志敏就将他在高小所学的孝道和感恩道理告诉方镇玫说："你知道'教'字左边是什么字吗？"

念了两年私塾的方镇玫反应极快地回答说："就是一个'孝'字嘛！"

志敏站在路边，俨然像一个老师娓娓细说："是的，我们要学会感恩，首先要学会'知恩'，要理解父母的养育之恩。俗话说得好，滴水之恩，当涌泉相报。古人说过'百善孝为先'，既然已经知道'教'字左边是一个'孝'字，就要尽孝道。"

随后，志敏又告诉方富鸿他们说："你们知道吗？为我读书家里负债累累，父母亲天天在忧虑着，他俩省吃俭用苦积苦累在凑钱，真是可怜天下父母心。因此，为了今后不再自责，不再后悔，不再遗憾，大家从现在开始，要懂得如何为家庭而忧虑。为家庭分担忧虑，就要

湖塘村历代名人榜，上面都是方家人的名字，可以说方家是忠烈满门。

叠山书院全景

抱着一颗感恩的心，感谢父母，感谢亲人。”

从小给地主放牛、做长工的方华根，他虽然没有念过私塾，但小时候经常与志敏在一起放牛、做农务事，受志敏影响很大，人也很聪明，他站在边上领会意思后说："志敏说得对，是要学会报恩，学会为家庭分忧，他的父母亲现在正需要他呢！富鸿，今天就让志敏待在家里吧！"

拿定主意之后，志敏双手合掌，像梁山好汉似的说："谢谢兄弟们的相邀，你们去玩吧！改天有机会再聚吧，我今天要烧火、煎药、料理家务呢！"

那群"儿童散学归来早，忙趁东风放纸鸢"的顽皮同学和小时候的朋友们嘻嘻哈哈地走了……

就这样，志敏为了孝敬父母亲，放弃了自己平日很喜爱的娱乐，片刻不离开父母亲，按时送上汤药，细心地料理，前前后后半个月，父母的疾病终于好了，恢复了健康。这时，母亲看到自己的儿子劳累得面黄肌瘦，不禁心疼起来。她说："志敏呀，我要杀只鸡、煮些蛋给你吃，好好补养身体！"

志敏则说："爸爸妈妈病刚刚好，身子还差，体格虚弱，倒应吃些营养品，滋补滋补。我年少体健，吃碗菜饭，喝碗稀粥，也就蛮可以喏！"

由于志敏的坚持，母亲只好依着他。志敏把鸡蛋煮得喷香，把鸡烧得烂熟，恭恭敬敬地送给父母亲吃。然后转身回到灶上吃菜饭，鸡蛋不肯吃半个，鸡汤也不曾尝一口。

心有大爱者方显真诚。看到父母亲的病好了，家中之事父母亲又可以料理了，志敏可高兴了，也就放心了，为了不荒废学业，又急匆匆告别了父母，回弋阳县城读书。

叠山书院内的石碑

踏上革命征程

1922年，方志敏怀着对于旧中国腐败政治的痛恨，怀着积极要求改造旧中国黑暗社会的宏愿，漂流到了无产阶级革命政党的诞生地——上海。原希望在上海能找个赖以糊口的工作做，以便半工半读，以工养读。6月炎夏，毒热的太阳使人睁不开眼睛，浑身上下热得难受，特别想跳入冷水池中冲洗一下。方志敏身着一件干净整洁的粗布长衫，脚穿一双乡式的布鞋，在烈日下奔走着，不断地询问，

不停地寻找，每次都是抱着极大希望敲开门，又怀着无限失望关上门。好多天过去了，长衫湿透，脸上由黄变黑，双脚红肿，但最终一无所获。口袋里有限的几个钱，早已用光。他徘徊街头，举目所至，看到的是享乐者的天堂、穷苦人的地狱。一面是出入于酒吧间、跳舞厅、夜总会的大亨、阔少、贵妇、小姐；一面是衣着褴褛、沿街行乞的苏北逃荒者；一面是坐落在树荫丛中的豪华小洋楼；一面是低矮的破棚户……不快之感，便油然而生。

谋事不成，就学无着，心烦意乱。恰好几个青年朋友邀他去法国公园散心，一走到公园门口，就看到竖着一块一米见方的木牌，上边写着入园条例。其中有一条便是"华人与狗不准入内"几个字。方志敏全身突然一阵发热，脸上都烧红了，感到从来都没有过的耻辱！在我们的国土上建造公园，反而将华人与狗并列禁止入园。华人在这个世界上还有立足的余地吗？还能生存下去吗？中国的出路究竟何在呢？

不久，他找到了《先驱》报编辑部，在那里结识了以贩卖报纸为职业而积极从事革命活动的赵醒侬。赵醒侬又名赵干，是江西南丰人，因家贫辍学，流浪上海已有多年。在困苦和现实生活的教育下，赵醒侬明确认识到旧社会制度的不合理，意识到进行革命斗争的重要性

外滩公园，今称黄浦公园，位于上海的黄浦江与苏州河交界处。它地处南京路东端，上海外滩之北端——今天这里是上海这个超级大都市的心脏地带。外滩公园占地约30亩，是个不大但很漂亮的公园。100多年来，在这里发生了太多牵动中国人情感的事件，其中最著名的，就是那块"华人与狗不得入内"的牌子。

和必要性。因而在上海先后参加了中国社会主义青年团和中国共产党。赵醒侬以清晰的头脑，在生活极不安定的条件下刻苦学习革命理论的精神，以及果断坚毅的性格，对待朋友谦逊和蔼的态度，给方志敏留下了很深的印象。他们志趣相投，成为深交。从此，方志敏得到了团组织的关怀和教育。他晚上在《民国日报》社上班，白天到一所大学旁听，其他空闲时间就同赵醒侬等进步青年在一起针砭时政，研究马克思主义，探索中国革命

方志敏花岗岩塑像和铜像

的道路。

8月间，方志敏经团组织的了解和考验，由赵醒侬介绍，加入了中国社会主义青年团，实现了他多年的愿望。此后，他感到肩上的担子更重了，对自己的要求也更严了。不久，根据组织上的决定，他离沪返赣从事革命活动。

革命斗争的风雨，把方志敏磨炼得更加成熟、坚强。1924年3月，经赵醒侬等同志介绍，方志敏在南昌由青年团员转为共产党员。他豪情满怀地立下誓言："共产党员——这是一个极尊贵的名词，我加入了共产党，做了共产党员，我是如何的引以为荣啊！从此，我的一切，直至我的生命都交给党去了。"

赵醒侬像

入党以后，更加忘我的进行革命工作。参与创建江西党的地方组织和改组国民党。他每天不是到这里开会，就是到那里去做革命工作，还要写稿子，编小报，邀请青年谈话，培养和发展党员、团员，从早到晚，忙得没有片刻休息时间。他经常是每天

方志敏爱国事迹陈列馆

工作16个小时，日夜劳累，原有的肺结核病复发了，3个月内吐了三次血，严重地损害了健康。功夫不负有心人，经过方志敏、赵醒侬等同志的努力，江西的革命之火熊熊燃烧起来。

面对日益高涨的革命浪潮，江西的军阀们吓破了胆，阴谋策划进行镇压。他们查封了江西的进步刊物、组织，出动大批军警阻止群众集会讲演，并通缉方志敏等三四十人。整个南昌城被白色恐怖笼罩着。1925年冬，中共江西地下组织被破获，赵醒侬同志不幸被捕入狱。消息传来，方志敏焦急万分，肺病复发，吐血不止。同志们赶忙将他送进医院，他痛哭失声，悲愤地说："赵醒侬同

《民国日报》头版广告

志既已被捕；我何足惜呀！"说完，几乎昏厥过去。

赵醒侬是方志敏敬爱的领导者，也是相知最深的一位同志和朋友。赵醒侬同志自1922年秋，受党中央委派到江西工作以来，与方志敏在一起，创立了江西的党、团组织，准备和领导了江西的革命运动。他被捕入狱后，始终坚贞不屈，表现出无产阶级战士的高贵品质。1926年9月英勇就义。方志敏曾满怀悲痛的心情，誉他是"江西为打倒帝国主义、打倒军阀、争取中华民族独立解放的革命运动的第一个牺牲者"。江西党的刊物和党中央的刊物当时都曾发表专文追悼。

方志敏住在医院里，当同志们悄悄到病房探望他时，他脸色消瘦苍白，头发蓬松，两眼深陷，半卧在病床上。同志们劝他暂移外县，避避风头。他斩钉截铁地回答说："革命事业的利益，更重于我个人的生命，我活一天就应

醒侬公园

该努力一天，哪怕明知道明天要死，也不能放弃今天的责任；明知道晚上要死，早上还应该努力。我虽身住医院，但还要领导南昌的地下活动，要与反动军阀做殊死的斗争。你们不要以我个人的安全为念。"

说完，喘息不止，一阵剧咳之后，又口吐鲜血。

方志敏这种临危不惧为革命呕心沥血的革命精神，深深地感染了在场的几位同志，给他们巨大的鼓舞力量，暗暗下了保证；更加勇猛地同敌人作斗争！

投身农民运动

　　1924年夏季，为了开展平民教育，宣传新文化，宣传国民革命，方志敏回到家乡湖塘村，与方志纯、方远辉、方远杰一道，筹办了一所"旭光义务小学"。当时上面拨下的经费有限，他们主要依靠自己的人力财力，因陋就简，把学校办起来了，免费吸收贫困失学的儿童入学。

　　当时弋阳九区有两个学派，一是以方志敏、邵式平为首的"弋阳革命青年社"，称为"新学派"；一是以张念诚为首的封建余孽，称为"旧学派"。

　　张念诚祖籍烈桥，和方志敏的故乡湖塘，同属弋阳九区管辖。漆工镇是九区最大的封建堡垒，张念诚就是这个封建堡垒的土皇帝。在九区，上至警察所的巡官，下至乡下警察，大大小小都是他的帮凶和爪牙。他就是依靠这些帮凶和爪牙，强化他"北乡王"的统治地位。

而今，张念诚正在操纵选举，收买选票，雇人写上自己的名字，想当"议员"；贪污巨额选举经费，妄图把负担转嫁到选民身上。

弋阳新旧两派一场政治斗争开始了。方志敏和在各乡的"革命青年社"社员，广泛团结和发动群众，深入揭露张念诚的劣迹，宣传国民革命，宣传反帝反封建，宣传耕者有其田。鼓动群众不要受欺骗，自动起来收回自己的选票，清算张念诚经手的各项捐款和费用。方志敏还亲自执笔写了一篇题为《猪仔议员》的文章，将张念诚操纵选举的种种黑幕进行揭露，刊登在《寸铁》旬刊上，在农村广为传播。

1927年10月方志敏曾在乐平篁坞村汪其芬家养病

一时之间，张念诚操纵选举、贪污选举经费的丑闻传遍城乡，农民们联系他多年来鱼肉乡民、欺压百姓的种种劣迹，纷纷要求收回自己的选票。这个横行乡里、说一不二的土皇帝，想不到在他竞选议员即将大功告成之际，竟被方志敏这几个"新学派"的青年搅得羊肉没有吃到还惹了一身膻，处于尴尬境地。张念诚越想越生气，怎么也按捺不住自己的满腔怒火。经过一番精心策划，他决定对方志敏采取报复性的措施。

一天，方志敏正在湖塘与方远杰等人研究如何在"革命青年社"的基础上发展党团组织，如何组织群众开展反对贪官污吏、土豪劣绅的斗争；忽然，一个乡丁送来张念诚的一张"请柬"，邀请他到漆工镇警察所内议事，商量有关选举经费问题。

漆工镇暴动纪念碑

"哼！酒无好酒，宴无好宴。我看张念诚这条老狗有些居心不良。"方远杰淡淡地说。

"是呀，正鹄，张念诚虽说是弋阳的'北乡王'，可往日并没有亏待过你，还指望你拜他作干爹，如今你得罪了他，唉，这该怎么才好呢？"方志敏的父母听了方远杰这么一说，也生怕张念诚会下什么毒手。

方志敏养病期间坐的红松椅

"什么干爹，我从来没有承认过这个干爹！"方志敏鄙夷地将"请柬"一扔，猛地站了起来，愤然说："公事公办，去，我这马上就去！"说罢，拿起灰白色长衫，就要动身。

"正鹄老弟，古时关云长单刀赴宴，还带了一柄长刀两个亲随。你如今赤手空拳，大意不得！"方远辉不无担心地这样说。

"不要紧的，看他能把我怎样？"方志敏边说边抡根

漆工暴动胜利图

文明杖，潇洒地朝漆工镇走去。

沿途的农民群众，听说方志敏只身前往警察所与张念诚议事，关切地注视着他那文质彬彬的风度和神态自若地背影，都暗地里捏把汗，为他的安全担心。

警察所设在漆工镇上一座古老的城隍庙内。殿堂就是警察所的议事厅。

张念诚身穿花缎子长袍，头戴黑色礼帽，架着一副茶色眼镜，表情严肃，神态木然。几个地方上的所谓绅士散乱地坐在一张八仙桌周围，时而捻须长叹，时而低声细语。

柯氏宗祠现辟为方志敏展览馆

柯村暴动形势图

　　一见方志敏昂首阔步地走进来，室内气氛顿时显得更加紧张。不待方志敏坐下，张念诚就铁青着脸，凶狠地盯着方志敏说："正鹄，古人说青年人应以读书为先，你不在做学问上下功夫，往往颐气逞能，妄议县政，诽谤乡贤，这究竟为了什么？"

　　"哦，不知我们妄议了哪些县政，又诽谤了哪些乡贤？"方志敏理直气壮地问道。

　　"哼！装得挺像。闲话少说，今日找你非为别事，快把民众的选票交出，否则……"

　　方志敏轻摇纸扇，从容地说："选票么？选举是民众的权利，每个公民都有选举权，你可以竞选，我们也可以反竞选。选谁，不选谁，这是选民的自由权利。"说到这里，他话锋一转，站起身来，拿着纸扇指向张念诚，厉声说："像你张念诚，欺压百姓，横行乡里，勾结官府，包揽词讼，劣迹斑斑，路人皆知，大家能选你这样的'乡贤'吗？"

"你这……这"，他张着口，气得一时讲不出话来。

"不是你邀我来讨论选举经费问题？"方志敏接着义正词严地质问："关于选举费用，上面拨有专款，你为什么还要向地方摊派？专款用到什么地方去了？我们反对你建地方武装扩充私人势力。我们普及平民教育，你为什么横加刁难？"

张念诚渐渐被驳得语无伦次了，额角渗出了黄豆粒大的汗珠。

漆工暴动纪念馆

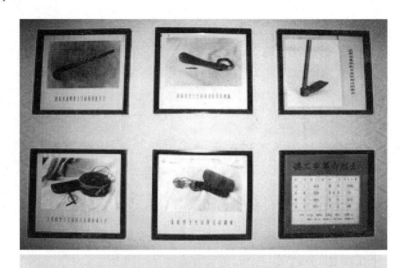

当年暴动队员使用过的一些武器和生活用品陈列在展览馆里

　　庙门外，人声鼎沸。"反对操纵选举""清理选举经费"的呼喊声不绝于耳。原来是方远杰担心方志敏的安全，召集邻近的农民群众前来声援了。

　　到会的土豪劣绅原是被邀来壮胆助威的。他们完全错误地估计了形势，以为凭他们三言两语，就可以把方志敏等人压下去。万万没有料到方志敏竟敢横眉冷对，更没有料到这样做竟然激起了公愤，聚众示威。面对这种紧张的局面，一时都手足无措，不知如何处置是好。

　　沉默了片刻，方志敏说："你们既然讲不出什么道理，我就先告退了！"说罢，向大家一拱手，大步流星地走出了警察所。方远杰和一伙农民群众立即簇拥着方志敏向湖塘村归去。

从此，"旭光义务小学"实际成了"弋阳革命青年社"的办事机构。它除了白天教男女小孩，晚上不定期办平民夜校，接受男女农民入学。农民群众通过这次与张念诚的斗争，也开始认识到自己的力量。后来，方志敏便以平民夜校为阵地，通过方远辉、方远杰等同志，不断对夜校的学员讲革命道理，讲党的政策，进行马克思主义的启蒙教育，发展党团员，培养农民运动的骨干，建立秘密的农民协会筹备机构。从思想上、组织上为以后的漆工暴动奠定了良好的基础。

漆工暴动纪念馆内展出品

屡建奇功

　　1931年11月7日，在瑞金召开了第一次全国工农兵代表大会，对在革命斗争中卓建功勋的方志敏同志授予了红旗勋章；英勇善战的红十军荣获奖旗一面。消息传开，军民无不欢欣鼓舞，许多人激动得流出了晶莹的泪花。从漆工暴动以来七年多的时间里，方志敏为了建设红军，开创苏区，经历了无数艰难曲折，倾注了全部心血和精力，闽浙赣人民由衷地崇敬他，爱戴他，信赖他。他领导军民所创立的功绩，所走过的战斗历程，人们又怎能忘怀呢？

　　方志敏两条半枪闹革命，领导了漆工暴动；胜利地进行了减租减息、打富济贫的斗争，镇压了九区的不法地主，包括方志敏的五叔方高雨、烈桥的张念诚。从此，九区就成了赤色区域，成为赣东北最巩固的工农革命根据地。最为有趣的是"大闹上清官，活捉张'天师'的故事"。

　　贵溪县（今贵溪市）西南，有一座两峰对峙、状如龙虎的名山——龙虎山，山上住着一个名叫张恩溥的驼子，他是中国道教的头子，东汉时期被封建皇帝御书丹诏册封为"嗣汉天师"张道陵的第六十三代子孙。张道陵的后人世居龙虎山的"上清宫"，历代的反动统治阶级都把他们奉若"神明"。传到张恩溥这一代成了江西省有极大势力的恶霸地主。他拥有十个大庄园，占据三千多亩不上官税的良田，面积遍及附近八个县的范围。不论什么样的年景，农民都得向他交纳重租，稍有迟误，便被严刑拷

　　1931年11月7日，中华苏维埃共和国第一次全国工农兵代表大会，在瑞金叶坪村的谢家祠堂隆重召开，中国有史以来第一个红色政权——中华苏维埃共和国临时中央政府宣告成立。

打，扣押监禁。张恩溥住在"天师府"里，用上百人专门服侍，作威作福。他还凭借自己的武装，草菅人命，群众对他恨之入骨。当时有首民谣唱道："驼子张，黑心肠，总有一天要算账！"不打倒张"天师"，人民就不会有好日子过。

一个月白风清的夜晚，一批暴动队员，手持马刀、棍棒冲上龙虎山，打进"上清宫"，捣毁镇妖堂，把"嗣汉天师府"的朱红漆金牌子和上千个所谓"装妖罐"砸个稀巴烂，张"天师"被捉到山下开斗争大会。会后，收缴了"天师府"祖传的"玉玺"和一把"七星斩邪宝剑"，没收了他家历代从农民身上剥削和诈骗的全部财产。张恩溥在贵溪县城游街示众之后，押送南昌省农协看管。这个作恶多端的"神权皇帝"受到了应有的惩罚。

在大闹"上清宫"的过程中，张恩溥的所谓"呼风唤雨、撒豆成兵"的法术全然不灵了。在严峻的事实面前，附近农民受到了一次深刻的教育，他们中的许多人不再迷信鬼神而相信自己的力量了，参加农民协会的人越来越多。

龙虎山张天师所掌法印

作为历史的见证，当年贵溪农民缴获的这颗"玉玺"，全国解放后，放在江西省革命博物馆陈列。

1927年11月25日，方志敏在弋阳县窑头村主持召开了著名的弋阳、横峰、贵溪、上饶、铅山五县党员会议，传达了中央的八七会议精神，决定组织弋横武装暴动。

会后，方志敏等分

当年暴动队员使用过的一些武器和生活用品陈列在展览馆里

赴各地积极组织农民革命团。到1927年12月，仅仅一个月时间，弋阳、横峰两地农民革命团发展到千人以上，纵横数百里的地方相互连成一片，共有上百个农民革命团。他们采用农村的旧形式，吃鸡血酒宣誓，秘密缝制了暴动的大旗；以打猎为名制造和购买了土枪土炮，组织了自己的武装。群众革命情绪极为高涨，武装暴动的形势已经成熟。

1927年12月，以楼底蓝家为起点，揭开了弋横武装

暴动的序幕。

横底村的农民革命团团长蓝长金，迫于生活，和同村的几个贫苦农民，用土法挖了一个小煤窑，每天钻进窑洞里挖出的煤，可以卖一两元钱。为着这点收入，他们要脱得精光，在漆黑无光，水蒸臭气的窑洞里，每天累死累活地劳动十几个小时，而且随时都有被砸死、砸伤的危险。真是一分钱一滴血。可是，横峰县衙门连他们赚得这点血汗钱，也要横加勒索，每个月还要交五块钱的捐税，名为"上煤捐"。

自从组织了农民革命团以后，蓝长金他们对这笔苛捐杂税就一直拖着，不再向县衙门缴交了。

1928年元旦这天，县衙门里收煤捐的委员又来逼捐了。大家瞧他那副作威作福的样子，理也不理，只管干自己的事。

这委员平时狐假虎威地抖惯了威风，哪里受过这种

龙虎山上清宫景

冷遇？他涨红着脸，大声嚷道："你们每个月5块钱的捐，为什么不按时送缴，还要我亲自来催？"

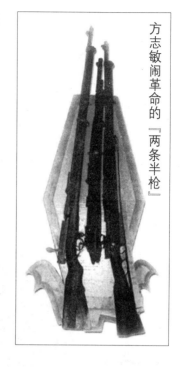

方志敏闹革命的『两条半枪』

"没有煤，家里锅都揭不开，哪来钱交捐？你这个人讲话，好不懂道理！"刚出煤洞的蓝长金，听后忍不住高声叫起来。

"你们这帮狗东西是有意抗捐。好，我回衙门报告，明天把你们一起提进牢里去，坐到头发三尺长。"

"你说哪个是狗？你才是狗！不交捐，你敢把老子怎样？"蓝长金气得指着委员的鼻子说。

这一下，把委员激得有点恼羞成怒了，他从来没有受过这样的抢白，气得跳了起来，朝着蓝长金的脑袋一拳打过去。蓝长金把收税捐的委员推翻在地。这个委员见势不对，爬起来就跑，边跑边扬言派兵来捉人。第二天，果然来了10多个警察，气势汹汹用武力勒索捐款，还要拘捕蓝长金。早有准备的农民革命团员手执梭镖、鸟铳蜂拥而至，十几个警察全部束手就擒。

消息传开，楼底蓝家一带沸腾起来了。锣鼓喧天，红旗招展。老人们倚门扶杖，笑逐颜开；妇女们抱着小孩，奔走相告；少年儿童臂扎红带子，手持红缨枪，开始分路放哨，盘查过往行人；年轻力壮的肩扛梭镖、鸟铳，迈着有力的步伐，威武地到豪绅地主家训话，宣布废债、罚款，分粮分财物，镇压少数作恶多端的

嗣汉天师府

反革命。

　　一时间，一传十，十传百，楼底蓝家暴动胜利的消息很快传遍远近各个村庄。几天之内，参加暴动的农民群众达六七万人之多。当时，赣东北各地传诵着这样一首歌谣：

　　　　湖塘塌塌岭，出了方志敏；

领导共产闹革命，都是为穷人！

轰轰烈烈的弋横暴动持续了2个多月。后来，国民党反动派从南昌调来了2个营的白军向暴动区域进攻，暴动暂时被镇压下去了。

弋横暴动受挫后，方志敏和黄道、邵式平等商量，决定改变斗争策略和战斗组织形式，停止进攻，整理内部，健全组织，精干力量，转入游击战争。在农民革命团和农民军的基础上，自下而上建立乡村苏维埃政权，

瑞金沙洲坝中华苏维埃共和国中央政府大礼堂旧址，1934年1月21日至2月1日，第二次全国苏维埃代表大会在这里召开。

组织贫农团和全民武装的赤卫队，就地坚持群众性的武装斗争；挑选农民中的积极分子20多人，组织一支脱产的游击队，开展游击活动；在各村建立眺高、守夜、打号铳的制度，实行联防，封锁、监视敌人；在敌人驻地实行"白皮红心"

方志敏蜡像

政策，配合土地革命，打击敌人。

为此，方志敏带领革命群众，集中力量创建红军和苏维埃政权，建立革命根据地，转入以磨盘山为中心根据地，以正式红军为骨干的游击战争。

磨盘山位于弋阳县东北部，与横峰、德兴县毗连。这里绵延100多公里都是崇山峻岭，地势十分险要。1928年三四月间，方志敏及其战友率领游击队向磨盘山进军的时候，游击根据地的范围只剩弋阳9区的40几个村庄和横峰3区的10几个村庄，纵横不过30公里~35公

里，打着土地革命军第2军第2师第14团1营1连番号的游击队，枪支只不过20~30条，子弹缺乏，军事干部又少，战斗力很弱。来犯之敌却是2个营或者1个团，拥有1 200条枪，相当于游击队的40倍兵力。此外，游击区内所有重要村庄，差不多都驻扎了白军，少则1个排，多则1个连。敌人日夜不停地"搜山清剿"。

方志敏和他的战友们凭着20多条枪，每天辗转和敌人周旋。游击队在方志敏指挥下，灵活机动，寻机歼敌，每次都给来犯之敌以有力的打击，给游击区的群众以极大鼓舞，群众也用各种办法配合游击队打击敌人。他们在自己村前村后的高山上，日夜派赤卫队员瞭高放哨，发现敌情，就打第一声号铳；打第二声号铳，说明敌人近了，就立即组织群众往预定的深山密林里疏散；等到第三声号铳一响，大家就知道敌人快进村了，武装的群

葛源镇的革命旧址

众都隐蔽到树林里，准备配合游击队袭击敌人。敌人每次搜山，总得遗留下几支枪和几十具尸体。

虽然如此，斗争形势还是一天天艰苦起来，敌人越来越多，游击区越来越小，方志敏及其战友被包围在磨盘山中心

中华苏维埃全国第一次代表大会授予方志敏的勋章

点的一块小小的地方，连藏身之处也难找到。白天不能走路，要在夜间悄悄行动；大路不能走，只能走偏僻的小路；房屋不能住，要躲在树林里、岩石下或水沟里的茅棚里。一天要换几次地方，晚间稍一不慎，即有被敌人打死或被俘的危险。环境险恶，困难重重。最紧急、最困难的时期要算是1928年5月，革命根据地面临着能不能坚持下去的严峻考验。

在那极端困难的日子里，革命群众对于自己的领袖和同志的爱戴和保护是无微不至的。那时，方志敏和他的战友只要到了哪个村子背后的山上，派一个人下去说一声老汪来了，饭菜被褥就立即送了上来。有一天晚上，

　　方志敏摸黑到了齐川源，与当地革命群众研究如何对付敌人的"搜山清剿"。敌人闻讯，派大批人马前来捉他。赤卫队员连忙护送他到梅岭，安置到密林中的山棚里。群众打洗脚水的打洗脚水，让铺的让铺，生动体现了军民鱼水情。

　　还有一次，方志敏到了横峰霞阳村，村里革命群众都丢下了手上的活计跑来探望方志敏。不料消息走漏，白军突然包围了村子，方志敏沉着地指挥群众转移后，急忙带几个人往后山撤退。可是白军人多，眼看方志敏快要被敌人追上了，在这千钧一发之际，忽然跑在最前面的几个白军发现路边有许多白闪闪的银洋，立刻就像一群饿狗一样，一个个蹲下来忙着在路上抢，后面的也跑上来你争我夺。原来，这是村里的群众把从土豪那里

清贫园

　　闽浙（皖）赣省会革命旧址，毛泽东主席曾经称这块根据地为"方志敏式"革命根据地。

　　没收来的几箱银圆，拿来丢在路上缠住敌人，使方志敏得以乘机脱险。

　　面对敌人的清剿，方志敏和他的战友们没有被吓倒。1928年6月，方志敏主持召开了著名的方胜峰会议。会上，有的说应埋枪逃跑，有的说应把队伍拉到白区流动游击，众说纷纭。方志敏坚决驳斥了那种埋枪逃跑的主张，指出："这里的群众跟我们一起革命，如果我们在困难的时候便埋枪逃跑，群众牺牲太大，那是对革命事业的犯罪，不是共产党人应有的态度。"他斩钉截铁地说：

"谁要是不承认自己是共产党员的可以走。我们不走，我们是要和群众一起同生死共患难坚持下去的。"大家对第二种意见做了分析，认为在根据地里，革命有群众基础，地形也熟悉，如果转移到新区去，人地生疏困难一定更多，岂不是自取灭亡！再说，就算把敌人引出了根据地，游击队再回来，敌人也会跟回来。最后，大家一致同意方志敏意见，坚持根据地的武装斗争。会上决定，集中40多名脱产的游击队员、40条枪，由邵式平统一指挥，负责打击"围剿"之敌；方志敏带几名游击队员和6条枪，负责作争取群众的工作，镇压游击区内部的反革命活动；派黄道等去贵溪一带负责开辟新的根据地。

这是赣东北党由游击战争转变为创造红军与苏维埃运动的一次关键性会议。这次会议开得很成功，在蒙蒙

方志敏曾经用过的物品

中共闽浙赣省委机关旧址，闽浙赣省革命根据地是第二次国内革命战争时期，全国著名的六大革命根据地之一。

细雨中，到会同志怀着兴奋的心情，当晚离开了方胜峰，分头去迎接新的战斗。

在这一段艰苦的游击战争中，方志敏总结出一套适合本地特点的游击战争战略战术原则：出敌不意，攻其不备；声东击西，避实就虚；集中兵力，争取主动；扎口子，打埋伏；斩蛇头，切尾巴等。毛泽东听到这些游击战术时，连声夸奖说："好，好，好得很，生动活泼。"正在瑞金向中央汇报工作的邵式平听到毛泽东的夸奖，脸上露出满意的微笑。

方胜峰会议上确定的坚持根据地武装斗争的方针胜

利了，红军打了许多胜仗，以磨盘山为中心的游击区不但得以巩固，而且扩大了20多公里的范围，成为信江区域最早的革命根据地。

方志敏还利用军阀混战的有利时机，率领红军向外出击，发展苏区。从1930年5月至7月连续攻占了秧板、河口、弋阳、德兴、景德镇，红军猛增至4000余人，拥有800件武器。在此情况下，根据中央指示成立了"中国工农红军第十军"。红十军成立后，出奇制胜粉碎了蒋介石的第一次和第二次反革命"围剿"。1933年1月，根据中央电令，红十军南渡信江，到中央苏区参加第四次反"围剿"。

方志敏展览馆内展出的方志敏烈士的巨幅画像

在长期的革命斗争中，方志敏始终以身作则，严于律己。他虽身患肺病，经常吐血不止，还有严重痔疮的折磨，但他从不要求特殊照顾。他和战士们一样跋山涉水，吃野菜，睡茅棚，

方志敏读书遗址

夜以继日地为革命事业奋斗，大家担心他的健康，想给他搞点有营养的东西吃，他坚持不吃。他说："老百姓吃糠喝粥，国民党吃鱼吃肉；我们是革命者，应该和老百姓同甘共苦！"有一次行军，军部要求每个战士背10斤大米。他到连队检查时，发现通讯员没有替他准备背的米，马上严肃批评通讯员："每个同志都背，为什么我们不背呢？大家都是为了革命嘛！"身教胜于言教，正是由于赣东北的党组织能坚持从干部做起，因此，军民上下团结一心，各项工作取得了巨大成绩。在中华苏维埃第二次全国代表大会上，被毛泽东誉为"苏维埃模范省"。

闽浙赣革命根据地，是中国革命第一次历史转折时期全国六大革命根据地之一。方志敏为创建这块根据地、红军和苏维埃政权的斗争中，作出了杰出的贡献，在中国革命史上写下了光辉的一页。

红军操场司令台旧址　位于葛源镇枫林村，建于1933年，整个广场被168棵高大的枫树覆盖着，北端有一座司令台。是军民群众集会的地方，苏区的纪念会、祝捷会、体育运动会、文艺演出都在这里举行。1934年11月，方志敏在这里召开誓师大会，最后一次与乡亲们告别，挥师北上抗日。

突击河口镇

在强敌压境的情况下，军事上怎样和敌人周旋呢？方志敏提出了一套方针："出敌不意，攻其不备，声东击西，避实击虚。集中兵力争取主动，打不打操之于我。扎口子，打埋伏，吃补药，吃得下就吃，吃不下就跑。"根据这个方针，他指挥了好多次出色的战斗。突击河口镇就是其中的一次。

1928年8月的一个黄昏，他带着一支队伍，来到河口镇南岸，摆开了阵势，准备集中力量，吃掉这里的敌人。

天黑下来后，突击排战士跑近了桥头哨所，只两三枪就夺下了哨所。枪声惊动了敌人。突击排战士一冲过桥，迎面墙角的一挺机枪就响了起来。

正当突击排战士被压在地下无法冲锋时，方志敏来到了战士们旁边。他两眼盯着前方，命令道："来，派几

闽浙赣革命根据地，是土地革命战争时期由方志敏、邵式平、黄道等人领导四省边区人民创建的一块重要的革命战略基地。

个人绕到路口去，切断这挺机枪的后路，再打上几枪，他们就慌了！"

几个战士奉命去执行这个任务。不多一会儿，路口就传来了枪声。果然，敌人慌了，掉转机枪打了两梭子。就在这一刹那，方志敏指挥突击排战士猛扑到墙角，消灭了那里的敌人。

突击排战士继续朝前冲锋。这时，前面祠堂又有机枪扫射，后面也有枪打来。有的战士说："不好，我们被包围了！"

"我们没有被包围，敌人外面还有我们的主力呢！"方志敏鼓励大家说，"我们钻到敌人心脏里来了！"

正在这时，南岸的枪声响了。方志敏笑着道："你们听，我们的主力进攻了。现在，我们快占领祠堂，来个中心开花！"接着，他布置一部分兵力在正面用火力吸引敌人，又组织两支小部队从两侧绕到祠堂门口，一顿手榴弹炸哑了机枪，然后冲进去，消灭了里面的敌人。

主力围攻上来了。河口镇里的一团敌人全部被歼。这一仗，红军缴获了八百多条枪，创造了空前的纪录。

闽浙赣省委旧址外墙标语

方志敏烈士全身照

血染东南半壁红

日本帝国主义的侵略，激起了方志敏的万丈怒火。他酷爱我们伟大的祖国和伟大的民族，万分憎恨日本强盗的侵略行径和国民党反动派的倒行逆施。

中国工农红军抗日先遣队挥师北上，得到全国人民热烈拥护，在国际上也引起了巨大反响。但是，蒋介石

怀玉山云雾

怀玉山方志敏博物馆

反动统治集团却丧心病狂地调集重兵，加紧对我军追击和"围剿"。

北上抗日先遣队第十九师进入浙江境内的常山县时，国民党浙江保安师即从背后追来。十九师指战员在常山附近狠狠教训了敌人，一度攻入常山县城，并取得一批补给。当我军攻克招贤向北进发时，又遇到敌人王耀武补充旅布下的封锁线。红军指战员奋勇向前，重创敌人，攻克了上方镇，威震沪宁，直逼长江。

先遣队二十师、二十一师是由德兴、开化、婺源、休宁进抵太平，一路连战连捷，攻下和拆毁敌堡100多

大型话剧《可爱的中国》

座。在兰渡地方，击溃截击的国民党军二十一旅，缴获
军车四辆、弹药一批。

　　1934年12月10日，方志敏率总部抵达安徽歙县汤口
镇。总部驻下后，接到中央军区电报，指示部队成立政
治委员会，作为闽浙皖赣及先遣队行动区域内党政军的
最高领导机关。政治委员会由方志敏、刘畴西、乐少华、
聂洪钧、刘英五人组成，以方志敏为主席。这时，十九
师已南返汤口和二十、二十一师会合。抗日烽火，映红
了东南半壁。

　　根据中央指示精神，方志敏决定继续北上，深入敌
后，把皖南浙西变为强大的抗日战略基地。为了提高部
队的战斗力，他针对一个多月来行军作战中反映出来的

问题，在汤口对部队进行了整顿，着重解决一些干部之间存在的思想隔阂，以及忽视部队政治工作的现象。同时召开群众大会，宣传党的抗日救国主张，唤群众的爱国热忱，并将镇上土豪劣绅的粮食、财物分给劳苦群众，镇压了几个民愤极大的恶霸地主。先遣队行动处处和人民的切身利益结合，受到群众的热烈拥护。许多被国民党抓来赶修屯（溪）太（平）公路的百姓，自动加入了红军。

当我军在汤口休整时，敌机天天飞临汤口上空盘旋，警戒部队也捉到几名王耀武补充旅派来的暗探。方志敏

怀玉山梯田

考虑到汤口不宜久留，乃率部翻越黄山继续北上。在汤口停留两天，部队虽然得到适当休整，但由于某些同志借口"没有时间进行政治工作"，有些问题未能得到切实解决。方志敏认为，这是这次皖南行动中的一个严重缺点。

黄山，高峻雄伟，缥缈多姿。苍劲的怪松，突出在悬崖陡壁之上，空蒙的云海，漂浮在奇峰峻岭之下。绿树丛中，点缀着许多西式楼房，楼台亭榭。方志敏在山上伫立良久。他凝视着莽莽苍苍的青松，俯临无比壮丽的河山，想到华北战场上日益危急的形势，先遣队肩负的重大使命，不禁热血澎湃，心潮起伏。忽然，他见总部传令兵程火龙从地上捡起一块石头，对着树丛中的一座西式别墅狠狠砸去，只听到"哗"的一声，一面玻璃窗被打得粉碎。他猜测到了这个战士的心情，但还是走过去问道："火龙，你为什么打玻璃窗呀？"

程火龙气愤地说："那些官僚地主真会享福！"

方志敏微笑着说："打倒了反动派，这些东西不就归人民所有了？你说是不是？"。

程火龙听懂了这话的意思，腼腆地说："志敏同志，我懂啦。"

方志敏处处想到人民的利益，革命的前途，对祖国

"方志敏爱国事迹陈列馆"正厅的方志敏汉白玉雕像

的一山一水、一草一木都充满了眷恋深情。

先遣队到达黄山北麓的苦竹溪时，蒋介石反动统治集团竟以所谓"避免国际纠纷"为由，调集五个正规师、两个独立旅、四个保安团，还有宣城一带的反动地方武装，分成三路，自北而南，向黄山扑来。军团领导经过研究，命令皖南游击大队从左右两侧牵制敌人，红军主力则集中伏击尾随我部的王耀武补充旅。

12月14日，我军在太平县谭家桥附近的乌泥关同敌人打响了战役。乌泥关原名乌泥岭，因宋朝有位爱国将领为抵御金兵入侵曾在这里凿壕设关而得名。它是一个

方志敏烈士被捕后游街

远眺怀玉群峰

具有抗御外侮光荣历史的古战场，可是蒋介石却要在这里消灭抗日救国的工农红军。历史这面镜子，把中华民族的这伙败类照得原形毕露。

上午九点多钟，我军预先埋伏在乌泥关两边，准备一口吃掉敌人的前卫王耀武补充旅，以突破敌人的堵截。但由于刘畴西指挥失策和过早暴露了火力，敌人抢先占领了乌泥关前的六三零高地，致使战斗形成对峙局面。为了扭转战局，我军指战员向敌人发起了一次又一次冲锋，阵地上枪炮声喊杀声响成一片，山石被打得粉碎，树枝树叶在浓烈的硝烟中翻飞。因敌人居于有利地势，我军多次冲锋都被敌人居高临下的火力压回。战斗从上

午打到晚上，我军伤死三百余人，尤其是领导干部伤亡较多。方志敏看到突破中路已经无望，敌人的后续部队又源源不断向谭家桥集结，乃率部退出乌泥关。经过旌德到达泾县的茂林镇。在茂林将寻淮洲同志的遗体安葬在附近的潘村，同时将干部团李步新等一部分干部和枪支留下，开展五县边区的游击战争，建立抗日根据地。

村运动途中，在陶村附近与敌军的一个团遭遇，本可一举歼灭，但刘畴西只以一个营迎击，没有取得胜利，向一带山区转移。行军中利用山峦起伏有利的地形打了

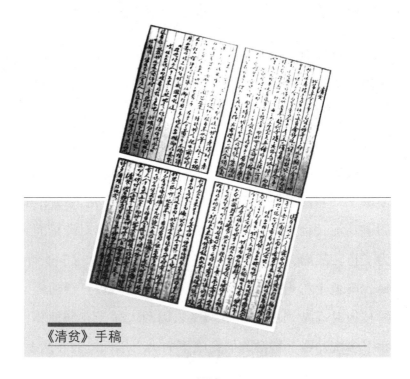

《清贫》手稿

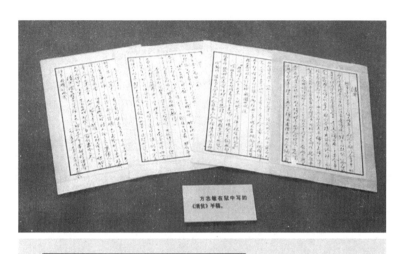

方志敏在狱中所写的《清贫》手稿

一些胜仗，但蒋介石十多万军队像疯狗一样，漫山遍野包围过来，敌情越来越严重。鉴于敌我力量悬殊，部队疲惫不堪，加上给养困难，天气寒冷，方志敏为保存抗日力量，决定把部队带回赣东北苏区略事休整，再图北上。他把这个计划电告中央军区，得到了批准。

1935年1月10日，方志敏率领向赣东北的怀玉山区进发。这时已是隆冬季节，北风咆哮，大雪纷飞，红军指战员大都穿着单衣，身体冻得直打哆嗦。方志敏痔疮未愈，步履艰难，忍着疼痛和大家一道跋山涉水。风雪、严寒、饥饿、疲劳无时不刻在消耗着指战员们的体力。

1月19日，部队向南华山疾进。部队打算越过这座高山，冲出敌人的封锁线。方志敏经过一片竹林，看见

被积雪压弯了的竹枝，依然迎风摇曳，不禁有感于怀，他招呼战友们停住，若有所思地说："你们看，这些竹枝被冰雪压得多苦！可是它们依然坚强不屈！"说完，还给大家诵读一首诗：

> 雪压竹头低，低下欲沾泥；
> 一朝红日起，依旧与天齐。

这首浩气磅礴的短诗，有力地鼓舞了同志们的斗争热情。

一个多月来，部队一直在荒山野岭中行军作战。现在处境更加艰难。山上找不到一粒粮食，只能靠树上的

方志敏与红十军团先头部队分开地址——江西德兴县程家湾。

闽浙赣根据地司令部旧址，这里是第二次革命战争时期闽浙（皖）赣革命根据地的中心，方志敏等革命先驱在这里创建了红色政权，开创了"两条半枪闹革命"的历史，被毛泽东同志誉为"我们光荣的模范苏区"。

野果充饥；偶尔发现几个野蜂窝，战士们就用手抓着蜂蜜和着死蜂吞咽下去；再不就抓一把冻得像冰棍似的枯草啃咬。方志敏和同志们一样，吞雪吃草，同甘共苦。许多同志牺牲了，有的被严寒和饥饿夺去了生命，剩下的已经不多了。大家从战友的遗体上寻找遗下的弹药，换上好用的枪支，咬紧牙关，准备同敌人拼死决斗。

晚上，队伍在崎岖的山路上摸索前进。走着走着，不知是谁绊了一块石头，马上招来一阵枪声。大概走了半里

闽浙赣省财政部旧址

多路，前面也响起了枪声，还有敌人的吆喝声，手电筒发出一道道惨白的光柱，在树枝上晃来晃去。原来山口已被切断，敌人开始搜山了。大家只得迅速隐蔽起来。

方志敏躺在树林中的一垛柴窝上，隐隐看见一群群的敌人从树林前走过。他想道："方志敏呀，你的斗争就在此次完结了吧！"但他马上否定了这种想法："不要管它，如果被搜出来，只是一死了事；万一不被搜出，那还可以做几十年的工作！"他视死如归，就是不能忘怀党的事业。

就在敌人反复搜山的时候，方志敏的警卫员魏长发偷偷溜到山下，向敌人投降了。敌人得到魏长发的报告后，喜出望外，急忙令部队严密搜查。匪兵们端着枪，瞪着眼，满山乱窜，一连搜了6个小时都未搜到，后来却被两个匪兵偶然发现了。

方志敏从容地站起来，他叉开两脚，昂然而立，神色自若。当这两个匪兵猜测到这个身材魁梧的红军是谁的时候，不禁狞笑起来，认为这下子要大发洋财了。他们将方志敏浑身上下搜查了一遍，又从头到脚，从衣领到袜底仔细搜查了一遍，但除一只怀表、一支水笔之外，连一枚铜板也没有找到。

匪兵们哪里相信。其中一个掏出手榴弹的引发，装着要扔的样子，气势汹汹地说："赶快把钱拿出来，不然就炸死你！"

方志敏不觉露出一丝苦笑，说："你们不要做出那种难看的样子了。我确实一个铜板都没有。想从我这里发洋财，那是想错了。"

"你骗谁？像你这样的大官会没有钱？"拿手榴弹的匪兵不相信。

"决不会没有钱的，一定藏在哪里。"另一个匪兵说，走上前去又重新把方志敏的衣裤捏了一遍。

中共闽浙赣省委机关旧址

　　国民党匪兵哪里知道，方志敏在长期革命斗争中，一向过着清贫、朴素的生活，他职务虽高，经手的款项总是数以万计，但是一点一滴都用在革命事业上，自己从不挪用一分一厘。正如他说的："清贫，洁白朴素的生活，正是我们革命者能够战胜许多困难的地方！"

　　两个匪兵看的确搜不出什么东西，这才住手。可是他们还不放心，又在方志敏隐藏的地方仔细搜寻了一番，翻遍了柴窝依然一无所获。两个匪兵用一种难以置信和不胜惊奇的眼光，把方志敏从上到下、从下到上打量了好几遍，这才凶狠地说："快走吧！"

　　这不幸的一幕，发生在1935年1月29日。

中共闽浙赣省委机关旧址

方志敏烈士被捕后舌战群敌实录

　　这是一份鲜为人知的"谈话记录"，更是一份表现共产党人光明磊落、浩然正气的"谈话记录"。透过这份"谈话记录"，我们看到反动派是那样渺小，看到革命者是那样的大义凛然、铮铮铁骨、视死如归。

　　1935年1月29日，方志敏率领的红十军团在浙赣交界的怀玉山地区被国民党军队重重包围，方志敏不幸被俘。当天晚上，敌团长一再要方志敏"写点文字"。方志敏借此机会奋笔疾书，写下了表现共产党人英勇不屈的《方志敏自述》。敌人在方志敏口中得不到任何东西，第二天把他押送到上饶。国民党上饶地方当局兴高采烈，为了升官晋爵，特令国民党弋阳县县长张抢元等人前去探视、游说。

　　张抢元受与方志敏谈话的影响，对共产党有了新的认识。抗战爆发后，他主动前往铅山石垅与在当地坚持

游击战的中共闽赣省委书记黄道同志商谈合作抗日问题，允许共产党在弋阳组织抗日救亡运动。并电请国民党江西省政府保释被判处无期徒刑的原闽浙赣省苏维埃副主席徐大妹出狱。还同意两个女儿参加共产党领导的抗日救亡团体，对共产党的活动给予一定的方便。1939年，张抢元调任国民党南城专员。国共合作破裂后，他毅然弃政从教。解放后，他在上海被捕入狱，后受到我人民政府的宽大处理。

张抢元在狱中写的交代材料中，追忆他同方志敏烈士谈话的实况：

余是方志敏家乡的地方长官，奉命率弋阳地方绅士及方志敏昔日朋友赴饶探视、劝说。过去对方志敏只闻其名、不见其人，此与方交谈后，脑中留下深刻影响，

上饶集中营审讯室旧址

方志敏烈士在狱中模拟场景

常感其人格之伟大，吾等无地自容矣。

初见面时，有人指着张抢元问方志敏："张县长在弋阳县做得如何？"

方志敏："做得还好，故我几年来，未去打弋阳。"

张抢元对方志敏说："我们今天不会存有成见谈话，请教数事，当蒙方志敏首肯。"

张抢元："你今日因何失败？"

方志敏："因战略上的错误而失败。"

张抢元："你现在有何希望否？"

方志敏："希望蒋介石赶快把我枪毙。"

张抢元："先生为组训民众能手，今日对日本外交紧

急，我想蒋委员长必定会重视你的生命。"方怒视不答。

张抢元："你对国军观念如何？"

方志敏："你们人多。"

张抢元："我们今日能抗日否？"

方志敏："红军能抗日，国民党也能抗日，可恨蒋介石不肯抗日。"

张抢元："你看我们设施有无进步？"

方志敏："你们多筑修了几条公路，筑路也为的是'剿共'。"

张抢元："你对分田看法如何？"

方志敏："很好，是完全必要的。"

这时，旁有人插言："分田不能种，农民仍得不到好

方志敏烈士在狱中戴过的手铐

处。"方厉声作色道："分田不能种，非农民不愿种，乃因国军扰乱他们，你看苏区里面的田，因未有国军扰乱，他们不是种得很好吗！"

旁又有人插话："方志敏，你有几个老婆？"

方志敏郑重答道："苏区里面只有一夫一妻，哪有几个老婆？"

又有人起哄："方志敏，你也有今日！"

方志敏冷笑答："你不要得意，以为捉到我就了事，将来你再看吧！"

张抢元劝别人不要乱吵，还有话与方先生谈，说："我在弋

介绍方志敏烈士的书籍

阳县既蒙方先生近几年未来攻打，足证错爱，今先生已被俘，事已至此，请教方先生，我应如何办理弋阳善后，才能减少人民痛苦？"

张抢元："你仁慈些，老百姓就会说你好。"

这时，金鼎三（弋阳地方绅士、工商业者）询问方志敏："你的家属，现在什么地方？"

方志敏："在苏区里面。"

金鼎三："你有话交代她们吗？"

方志敏："没有什么。"经金鼎三再三请问，"将来如果你见到他们的时候，可寄语他们不要悲伤，说我是为

革命而死，大可不必悲伤。"

金鼎三："你被俘后，还有什么要说？"

方志敏："我死倒不足惜，不幸革命受了损失。"

方志敏铜像

方志敏就义前致党中央的一封信

　　方志敏牺牲前一个多月，即1935年6月11日上午，他深情地给党中央写了一封信，报告狱中情况和向党表明斗争到底的决心。

　　信的内容大体上为四个部分：

　　第一部分主要是分析敌人没有急于杀害他的原因。信一开头就直截了当地说："我们被俘入狱之初，以为很快被杀。但过了一个多月未杀；随后江西反动派开'剿匪'阵亡将士大会，我们又以为必以我们为祭品，什么都准备好了，只待拖去杀，但仍未杀。一直挨到现在，还未有消息。"

　　方志敏在信中分析了敌人不急于杀他们的三个原因："一、进行政治的欺骗，表示他们的'宽大为怀'！二、用威逼利诱的方法劝我们投降，以便更大的破坏革命；三、一面留住我们在狱中不杀，同时就可以在外造谣，说我们已投降了他们，来动摇正在艰苦奋斗的红军和群众的斗争决心。敌人是在用各种方法，破坏我们。"

第二部分是向党报告狱中斗争情况。方志敏认为，"自杀非我们应取的手段，我们就利用这个时机进行越狱的准备"。"若能越狱，必用尽力量，进行工作，在最短期内，恢复损失了的军队并创造大块苏区"。他分析说："我们认为越狱是有极大可能，若得外援，可望成功。但四个月来，都找不到一人来，而中央也不能知道我们的情形，这是我们最感苦闷的事情。"

第三部分是谈他的狱中文稿。为了延长敌人杀害的时间，方志敏利用敌人要他写《自传》而提供的笔做武器，写下了大量文字。据统计，人民出版社出版的《方

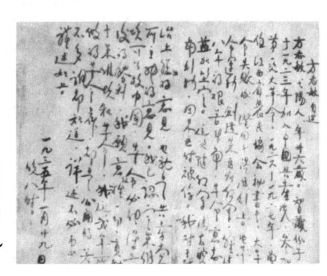

方志敏自述手稿

志敏文集》中，有一半是他在狱中写成的，约16万余字。方志敏向中央报告说："我写了几篇文稿，托人送给党中央。"他列出了7篇文稿："一、《我参加革命斗争的略述》；二、《我们临死前的话》（相当于一篇绝命书）；三、《给闽浙赣同志们的一封信》；四、《给我妻缪敏同志一封信》；五、《狱中纪实》；六、《死》（也是纪实，以小说形式写的）；七、《可爱的中国》。""这些文稿，都寄存胡昼人君处保藏着，他答应在他出狱后，送交中央"。为了使此信和文稿能送到党中央，方志敏还对胡昼人的情况做了介绍。

方志敏铜像

这7篇文稿除《给我妻缪敏同志一封信》尚未找到以外，其他6篇都已收入《方志敏文集》。特别是《可爱的中国》，早就被选入中学课本，成为家喻户晓的传世之作。

　　第四部分是向党中央报告狱中情况。信中说："现我们所囚押的狱中，共押同志和红军战士五百余人，他们都苦极无告！请中央通知互济会，设法救济他们。同时，请中央派得力同志来组织和领导这些同志进行狱中暴动，是有十分可能的。"在被关押的500多人中，包括一些党和红军的高级干部。

　　在信的末尾，方志敏特别说道："胡海同志亦押在此，他不久也是要被枪毙的。这里枪毙人不大宣布"。胡海是中央临时政府的执行委员、土地部部长。他自入狱后，即患肠炎病，卧在栊子外竹床上有20余天，黄瘦得不像人样。方志敏隔着栊子与他谈过话，他表示愿意坚决就死。果然，仅过了4天，即6月15日，胡海就和其他同志一起被枪杀了。

方志敏狱中手稿

　　方志敏致党中央的信及其文稿，经过多种途径辗转，最后送到了上海。

方志敏的崇高品质

在他短暂而又伟大的一生中，"一向过着朴素的生活，从没奢侈过"，以"清贫，清白朴素的生活"，磨砺坚强的革命意志。他掌管大权，手握重金，却严于律己，甘守清贫，并且严格要求家人和身边工作人员，因而拥有高尚的人格魅力。

清贫的现实意义体现在物质和精神两个层面上。物质层面的清贫，要求人们在创造财富时不畏艰难，能吃苦耐劳。精神层面的清贫，则要求人们在改造客观世界的活动中永葆锐意进取、顽强拼搏的精神风貌，永远牢记"两个务必"，吃苦在前，享受在后，不奢侈浪费，不骄奢淫逸，树立上饶干部清正廉洁、清贫朴素的整体形象，永葆革命本色，甘当人民的"服务员"，甘为群众的"勤务兵"。

狱中成立共产党支部

　　为了挫败敌人的阴谋，方志敏还想方设法教育同监被俘的同志，要他们保持革命的气节品德。

　　一天晚上，从杭州接来三十五名红十军团的干部。方志敏透过囚室的窗口看见他们被敌人押着从昏黄的灯光下走过，被关进附近的大牢。第二天放风的时候，他便留神观察，发现红十军团二十师参谋长乔信明也在其中。他知道乔信明是个忠实可靠的同志。当天晚上，他便写了一张条子，请一个同情政治犯的看守兵交给乔信明，嘱咐乔信明教育被俘同志坚持斗争，不要动摇。此后方志敏还给乔信明写过两次条子，一次的内容是："你应该很好地向这些干部进行教育，在敌人面前一定要顽强，怕死是没有用的。"一次的内容是："我们几个负责人，敌人一定要杀死的。你们坐大牢的不一定死，但要准备长期坐牢。在监狱中要学习以列宁同志为榜样，为党工作，坚持斗争，就是死了也是光荣的。"在方志敏的教育下，乔信明等人保持革命气节，勇敢机智地同敌人作斗争，捍卫了党的事业和革命的利益。他们还在监狱里成立了共产党支部，经常向被俘同志进行思想教育，并接收了一些表现好的同志入党。1937年七七事变后，当党营救他们出狱时，这个支部拥有30多名党员，全部参加了新四军，走上了抗日斗争的战场。

方志敏广场入口处的石碑

狱中斗争

　　方志敏身处缧绁之中，脚带重镣，备受苦刑，体质十分虚弱。是一种什么力量促使他这样顽强不屈地战斗呢？他自己在狱中的著述里做出了明确的回答：

　　"我十分憎恨地主，憎恨资本家，憎恨一切卖国军阀，我真诚地爱我阶级兄弟，爱我们的党，爱我中华民族。为着阶级和民族的解放，为着党的事业的成功，我

上饶集中营革命烈士雕塑

方志敏、粟裕等革命先辈塑像

毫不稀罕那华丽的大厦，却宁愿居住在简陋潮湿的茅棚；
不稀罕美味的西餐大菜，宁愿吞嚼刺口的苞粟和菜根，
不稀罕舒服柔软的钢丝床，宁愿睡在猪栏狗窠似的住所
不稀罕闲逸，宁愿一天做十六点钟的劳苦不稀罕富裕，
宁愿困穷！不怕饥饿，不怕寒冷，不怕危险，不怕困难。
屈辱，痛苦，一切难于忍受的生活，我都能忍受下去！
这些都不能丝毫动摇我的决心！相反的，是更加磨炼我
的意志！我能舍弃一切，但是不能舍弃党，舍弃阶级，
舍弃革命事业。我有一天生命，我就应该为他们工作一
天！"。

千秋青史永留红

1949年8月方志敏的母亲金香莲（右二）、岳母胡珍莲（左二）、妻子缪敏（右）、女儿方梅合影于南昌。

因禁方志敏的"绥靖公署"军法处是个法西斯审判机关，关在看守所的一切囚犯，都由它审讯判决。在江西的土地革命战争中，不知有多少共产党员、红军战士、革命群众被敌人杀害在这里。蒋介石是从北洋军阀手里接过这座监狱的，如今，把它用作残杀共产党人的屠场。

方志敏被囚禁在一间三等号子里。这是一种最苦最糟的笼子。每个笼子15平方米左右，关七八个人，除每天放风外，全靠门上一个一尺见方的小铁窗通气。室内阴暗潮湿，污秽不堪，臭虫跳蚤，除不尽捉不绝。方志敏入狱不久，便连着生了两次病，几乎死去。

方志敏同志诞生一百周年纪念邮票

生病没有药，只有多喝开水，可是开水也喝不上。按军法处规定，囚犯每天只能吃两顿饭，喝两次水。饭是发霉变质的黄米，闻到就令人作呕。菜是一盆清水白菜汤，或几根萝卜条。开水每次只供一小茶缸。方志敏为此向军法处提出了抗议，敌人为了便于劝降，满足了方志敏的生活需要。妄图诱骗软化方志敏，利用他对付共产党和红军游击队。当然这只是徒劳。方志敏同敌人进行了针锋相对的斗争，以他坚贞不屈、视死如归的高风亮节为中国共产党人树立了光辉榜样。

一天晚上，军法处副处长钱协民亲自提审方志敏。这个姓钱的是个血腥刽子手。他办案的准则是："宁可错杀，不能错放"，"凡是当过分田委员的，杀！打过土豪的，杀！当过乡苏主席的，杀！担任过红军排以上干部的，杀！……"。他不论经手什么案子，只要看一眼"囚犯"的政治身份，就可立刻判决。关于这个嗜杀成性的刽子手，方志敏早就有所耳闻。但这天晚上，钱协民却一反常态。当方志敏拖着10斤重的脚镣走进审讯室时，就喝令看守搬椅子，装出一副"礼贤下士"的样子。方志敏坐定之后，他慢条斯理地说："今天提你来，并不是审问，而是要告诉你一个消息。"

詹明荣油画《清贫》

"什么消息？"方志敏问。

"这个消息于你十分不利，说是你的夫人缪敏组织了军队，大约有1000到2000人，取名为赴难军，拆了我们一些堡垒。这确实于你的案子不利，我特意告诉你。"

关押革命志士的牢房

　　早把生死置之度外的方志敏，从钱协民的"消息"里得知闽浙赣红军还在战斗，内心感到快慰，对钱耍的花招报以冷笑，淡淡地说："那倒没什么，不过，我可以告诉你，我的妻子，决不能带兵……大家也不会拿她来号召。共产党是有完全领导红军的力量的。"

　　钱协民见阴谋被戳穿，又转过话题问道："你是不是愿意看见你的夫人？你与她的感情是不是很好？你们有几个小孩？"

　　"我共有5个孩子，都很小，我与妻的感情不坏，因为，我们是长期同患难的人。但我已到了这个地步，妻和儿子哪能顾得到，我只有抛下他们。"

　　"那倒不必，妻和孩子，是不能而且不应该抛下的。

你愿不愿意写封信叫你的夫人前来啊"。

"找她来，做什么？"

"找她来，当然有益于你，这就表示你已倾向于我们了。"

"倾向于你们这些狗？"方志敏怒不可遏，断然回答："不能够的。"

"我想进一步忠告你，你们既已失败至此，何必还要那么固执，回到国方来做事好了。""不然，杀了你们多少人，何以还留着你不杀呢？老实说，上面要重用你呀！收拾残局，要借重你方先生啦！"

上饶集中营的老虎凳和钉笼上沾满了烈士们的血迹

上饶集中营监狱刑训室

方志敏坚定地说："我可以告诉你，留在苏区的共产党员，都是经过共产党的长期训练，都是有坚定的共产主义信仰的。"

钱协民使出浑身解数，仍劝降无效，突然变了脸色，警告方志敏如果不投降，就只有枪毙了。

方志敏坦然地说："我完全知道这个危险，但处在这事无两全的时候，我只有走死这条路。"

方志敏坚定不移的共产主义信念，视死如归的大无畏精神，当时敌人的报纸也不得不承认："方志敏态度之强硬，一如平常"。

"方志敏反对一切提议，态度非常强硬，看他到死也不会动摇的"，"关于红军现状的一切问题，他一概拒绝回答。"可是敌人仍旧抱着幻想。他们为了便于劝降，4月初，把方志敏送进了一间所谓的"优待号"。

方志敏被移入所谓的"优待号"，他的那间囚室被军法处安排在看守所长和看守员的住室之间，对面是看守所办公室，后面是军人监狱，方志敏的囚室完全置于敌人的视线之内。

方志敏对敌人不抱任何幻想，更不稀罕敌人的什么"优待"。他是"优待室"里唯一带着一副10斤重镣的共产党人。他知道，敌人把他移到"优待室"来，只不过

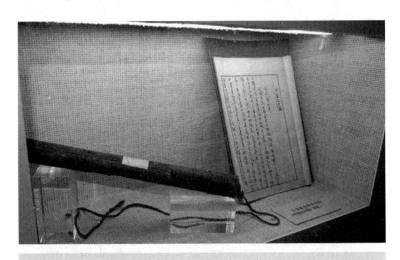

方志敏领导的游击队传递密件用过的火炬和其在狱中所写的《可爱的中国》手稿。

被囚禁中的方志敏和他的两名军官

是为了便于劝降，为了改变他的革命信仰。手法变了，
罪恶目的没有变。入狱以来，他亲眼看到囚禁的人们憔
悴黄瘦的脸孔，亲耳听到囚人们的悲叹和哀号，亲身经
历了一些非人的待遇，心中充满了无穷的仇恨。他决心
要"将狱中的情形，描写出来，使全国红军和革命的工
农群众，知道他们同生死共患难的战友们，正在国民党
监狱内，挨日子，受活罪，更加激怒起来，加紧奋斗，
迅速摧毁国民党的黑暗统治，为一切被枪杀、被斩首、
被活活折磨而死的战友们复仇！"

　　事情不出方志敏的预料，国民党反动当局的劝降使

者纷至沓来，络绎不绝。方志敏继续以其坚韧不拔的精神，同敌人的劝降阴谋进行不屈不挠的斗争；同时，他还在分析敌人幻想的基础上产生了一个新的念头，即寻找机会，争取越狱，以便继续为党工作。……一个共产党员，应该努力到死！奋斗到死！是的，应该决定，就是这样决定吧——以必死的决心，图意外的获救！

从此，他寻找一切机会教育那些被俘的共产党员和红军战士、革命同志，利用一切机会教育看守所人员，教育那些前来充当说客的特殊囚人。看守兵们大多出身贫苦，方志敏常借聊天的机会，由浅入深，循循善诱，向他们进行宣传教育。他善于联系实际，有的放矢，从眼前的生活谈到劳苦大众的痛苦，从当前的时局谈到帝国主义的侵略和国民党的罪行，以提高他们的认识，启

皖南苏维埃政府革命史料展览馆

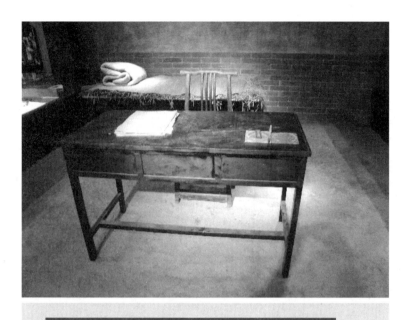

木板、稻草、破棉被，还原方志敏在狱中的情景。

发他们的觉悟。这些工作收到了良好效果，其中有些人后来的确为革命做了有益的工作。

看守所有个新来的文书，名叫高易鹏，学生出身，当过店员。他在方志敏教育下，对政治犯深表同情，决心离开这个肮脏的地方，另谋生活出路。方志敏平时托他买烧饼，借报纸，他都能办到。当方志敏向他提到准备越狱的问题的时候，他曾按照方志敏的吩咐，借故为方志敏联系到监外看病，因军法处不同意，未能成功。后来方志敏的一部分文稿和信件，就是通过他当时的女友程全昭送往上海的。

监狱里的伪职人员中还有个凌凤梧，开始担任书记，后来做过几个月的代理看守长。方志敏坦率地劝他不要醉心官场，宁可当个教员，做点学问，这样既能养家糊口，也能为人民做点好事。凌凤梧在方志敏的感召下，认识到为国民党卖命没有前途，也常给方志敏借报纸、传送消息，还为方志敏换了一副较轻的脚镣，并借过一些钱给方志敏零用。方志敏殉难后，据说军法处怀疑他和方志敏的越狱计划有关，曾把他投入监狱。凌凤梧以后回到家乡，一直从事商业和教育工作。

还有一个名叫胡逸民的军法官，属于国民党上层人士，因"祖共嫌疑"而被关于"优待室"。这个人倾向进

这块忠魂石，据说是当年方志敏被害时，圭峰狂风暴雨，山石滚落。后人为纪念方志敏，在此刻字留念。

方志敏旧居

步，同情革命。这个军法官常到方志敏的囚室聊天，带来一些报纸和书籍，甚至拿了他写的一部文稿征求方志敏的意见。随着接触增多，他们亲如故友，无话不说，胡逸民的妻子送吃的东西到监狱来，胡也拿些给方志敏，并介绍妻子与方志敏认识。后来，方志敏托他转送、保存了一部分信件和文稿。殉难之前，方志敏有一长信给他，即《给某夫妇的信》，劝他下苦功夫学习马克思主义的理论，树立共产主义的信仰。信中还谆谆告诫他"从反革命营垒跳入革命营垒，从罪恶跳入正义，从黑暗跳入光明。"后来证明，这位军法官认真履行了自己的诺

言，把方志敏的一部分信件和文稿送到了上海，完成了
烈士的遗愿。

方志敏壮烈牺牲后，胡逸民非常悲痛，写了一首七
言律诗《悼方君》，诗的最后四句是：

> 江山变色灵光减，
> 草木同悲陌上遗，
> 最晚逢君偏易别，
> 泪痕犹洒白杨枝。

由于宣传教育工作发生了效果，方志敏感到分外高
兴。现在有人愿意为自己办事，纸笔能买到，文稿有人
代送出去，他决心重新拿起笔来战斗。为了同敌人争夺

方志敏事迹陈列馆

时间，他机警地打发敌人，巧妙地避开敌人的耳目，通常白天构思，晚上动笔，常常写到深更半夜。南昌的盛夏，暑气逼人，狭小的囚室就像一座蒸笼。晚上写作，灯光昏暗，蚊虫成群，汗流如雨。这时，他肺病发作，常常咳血。工作时间稍长，就感到头痛欲裂，四肢无

南昌市东湖区的方志敏雕像

力。实在支持不住了，他就把稿纸暂时收起来，缓缓走动几步，或倒在床上休息几分钟。晚上敌人要查号子，为了防备敌人突然窜来，他一面写，一面还要留心室外的动静。方志敏每写完一篇文章，都在文后注明写作时间。他在短短的72天中，先后写下了《可爱的中国》《清贫》《狱中纪实》《死！——共产主义殉道者的记述》《在狱中致全体同志书》《我们临死以前的话》《遗信》等12篇文稿和信件，约计13万字。方志敏留下的这份极宝贵的精神遗产，是他在狱中斗争所取得的一个辉煌胜利，也是他在殉难前为党和人民作出的又一伟大贡献！

审讯室内的老虎凳

"血性文章血写成，党人风格万年贞。"方志敏用鲜血和生命写成的文章，热情讴歌了我们的党，讴歌了可爱的中国，愤怒地控诉了日本帝国主义的野蛮侵略和国民党的反动统治，坚信中国革命一定能成功。

是一种什么力量促使他这样顽强不屈地战斗呢？他写了这样一首直抒胸臆、气冲云天的诗篇：

敌人只能砍下我们的头颅，

决不能动摇我们的信仰！

因为我们信仰的主义，

乃是宇宙的真理！

为着共产主义牺牲，

为着苏维埃流血，

那是我们十分情愿的啊！

　　对于宁死不屈的方志敏，敌人已无计可施，秘密下了处决令。1935年8月6日凌晨，南昌市天色阴暗。一群全副武装的匪兵突然将方志敏从狱中提出，把他的一双手反铐起来。方志敏神色凛然，从容地走向刑场，伟大的共产主义战士、不屈的民族英雄，为中国人民的解放事业流尽了自己最后一滴鲜血。牺牲时，年仅36岁。

　　毛泽东曾多次无限深情地说："志敏同志牺牲了，志敏同志可惜了。"1964年，亲自为方志敏烈士题了墓碑。

　　　　"千秋青史永留红，

　　　　百代难忘正学功；

方志敏旧居

　　　　纵使血痕终化青，

　　　　弋阳依旧万株枫。"

　　枫树，高大挺拔，叶红似火，正是方志敏烈士光辉
形象的逼真写照。

　　方志敏，这个从小就疾恶如仇、见义勇为、追求光
明的优秀共产党员，用自己的鲜血和生命灌溉的共产主
义理想之花永远开在人民心中！他艰苦奋斗、不屈不挠、
流血牺牲的精神，永远激励我们前进！

　　他的铮铮铁骨、耿耿丹心将永远铭记在我们心中！

　　中共闽浙赣省委机关旧址，保存有方志敏当年用
过的办公桌椅和4个轮子的木板床。

革命夫妻互称兄妹

　　1927年，蒋介石破坏国民革命，大肆屠杀共产党人，在被通缉的危险时刻，方志敏潜入党的秘密机关——南昌市黄家巷4号，缪敏成为他的交通员。此时，恰逢全国

《可爱的中国》弧形石碑

农协秘书长、日本早稻田大学的高才生彭湃来江西视察工作。生性乐观的彭湃得知眼前的方志敏、缪敏两人相爱却迟迟未婚，忍不住大笑着说："共产党人又不是和尚，紧急时刻献衷情，只有革命者才能做得到。来得早不如来得巧，就让我做个证婚人吧！"

于是，6月上旬的一个晚上，在彭湃和当时江西省委书记罗亦农等人的见证下，在秘密机关二楼，方志敏和缪敏举行了一个特殊的婚礼，几杯清茶，代表所有的祝福。夜深，方志敏将开会用的几条长木凳拼成一张床，便成了他们结婚的"喜床"。

新婚之夜，方志敏送给缪敏两件礼物，成为缪敏此生最珍贵的记忆。一是让缪敏化名为李祥贞；二是送给她一支自己用的金笔："送给你这支笔！希望你用这支

上饶集中营

位于方志敏广场的方志敏塑像

笔，记下你美好的战斗历程！今后，我们俩就以李祥松、李祥贞的化名，作为兄妹秘密联络的讯号。"

缪敏异常兴奋："太好了！你叫李祥松，我叫李祥贞，又和你共用了一个'祥'字，吉祥如意！"方志敏说："同生共死。"

革命年代，顾不了儿女情长。新婚第三天，方志敏夫妇便分开了。方志敏转战吉安，缪敏则以国民党中央军55师一位连长太太的身份，来到波阳县委秘密机关担任技术工作，此间敌人怀疑她的身份而将她拘捕。这时，已回乡从事革命活动的"李祥松"（即方志敏）兄长特地来信，以家中父母病重为由，呼唤妹妹"李祥贞"快回

家。方志敏的巧计，加上旁人佐证，让缪敏幸运地骗过敌人出狱。

1934年冬，方志敏率红十军团北上抗日，征途中给缪敏留下一封信中说："你将在无线电中得到我们胜利的消息。"这对缪敏是极大的精神鼓舞。直到1935年6月，那时缪敏快临产了，她与方志敏原来的一个通信员刘水生躲藏在德兴县一个农村山棚里，从敌机抛下来的传单上获悉方志敏被捕，有如五雷轰顶，强忍痛苦的她将传单撕得粉碎。不久由于叛徒告密，缪敏也被捕。

缪敏被捕后被囚禁在南昌女子监狱，与同时囚禁南昌的方志敏曾相隔咫尺却未相见。敌人多次向他们表示，签字投降便可团聚，却被方志敏和缪敏同时拒绝。直至8月6日，方志敏被敌人暗杀的噩耗传出，缪敏悲痛欲绝，

毛泽东、邓小平为方志敏的题词

茅家岭监狱旧址

敌人的罪行更激起她的仇恨，在狱中发誓要将革命进行到底。

生死与共的夫妻，竟未留下一张可作纪念的合影，这大概是缪敏此生最感遗憾的一件事情。缪敏被难以抑制的思念驱使，最后请人画了一张她和方志敏恋爱时的像，翻拍成照片，并将自己的照片和方志敏狱中留下的照片画在一起，制成铜牌珍藏，这样仿佛方志敏还活着，并且就在她的身边。

1937年国共两党第二次合作，缪敏被保出狱，在南昌新四军办事处工作，并经党中央批准，带着儿子方英、方明去了延安，于1977年去世。

毛泽东眼中的方志敏

方志敏的遗稿送到党中央后，毛主席仔细进行了阅读。毛主席讲，方志敏和我的思想是相通的，对当时形势的分析和革命斗争的策略是不谋而合的。毛主席讲到

南昌方志敏烈士纪念碑

1927年初，方志敏主持召开江西省农代会，国民党右派和我们争夺领导权，他当仁不让。毛主席说，方志敏给我拍电报，问我怎么办？我复电告诉方志敏要坚决反对，绝不可屈服。结果他挫败了国民党右派篡权的阴谋。

毛主席和方志敏见过两次面，一次在广州，一

方志敏广场简介

次在武汉。1926年5月1日至15日，在广州召开的全国
第三次劳动大会和广东省第二次农民大会。方志敏作为
江西代表参加了会议。在这次会上，方志敏见到毛泽东。
他们交流了农民运动开展的情况，共同讨论了农民运动
在中国革命中的地位和作用等问题。方志敏对毛泽东很
崇敬，并建立了深厚的情意。1927年1月间，毛泽东回
湖南考察农民运动，二三月写出和发表了著名的《湖南
农民运动考察报告》，提出了解决中国农民问题的主张和
政策，产生了巨大的影响。3月30日，毛泽东在武汉主
持召开的湘、鄂、赣、粤农协执行委员会联席会议，方
志敏参加了这次会议，同时，毛泽东、彭湃、方志敏及
国民党左派邓演达等人参加了全国农民协会筹备会。这

两个会议讨论了发展农会组织、解决土地问题、扩大农民武装和建立农村革命政权等问题，议定了一个广泛地重新分配土地的方案。方志敏、彭湃在会上，积极支持毛泽东关于农民问题的主张和分配土地的方案。后来，毛泽东把这份重新分配土地的方案，提交给5月初在武汉召开的党的五大会议上讨论，结果遭到陈独秀的拒绝。在这次全国农民协会筹备会上，毛泽东被选为全国农协临时执行委员会常务委员兼组织部部长，方志敏被选为执行委员。

武汉会议之后，方志敏根据这次会议精神和党的八七会议精神，在赣东北地区积极组织和发动弋阳秋收暴动和横峰年关大暴动，从此开辟和创建了赣东北革命根

赣东北省苏维埃银行闽北分行券

据地。1930年毛泽东写的《星星之火，可以燎原》一文，赞许方志敏创建的赣东北革命根据地，是"朱德毛泽东式、方志敏式"的根据地，并说，只有这样做"才能促进革命的高潮"。

《救国时报》上刊登的有关方志敏烈士遗稿

1933年1月下旬，邵式平、周建屏、方志纯带领红十军到中央苏区参加第四次反围剿，他们受方志敏的委托，去看毛泽东，毛泽东很高兴。方志敏同志管理赣东北革命根据地，精打细算，改善根据地人民和士兵的生活。他还把有限的财力，积极支持中央苏区。据记载，仅1933年，方志敏就曾两次派人给中央苏区送去350两黄金。

1934年1月27日，在瑞金召开的中华苏维埃第二次全国代表大会上，毛主席在工作报告中，表扬了赣东北的同志有很好的创造，是模范工作者。他说，赣东北同志把群众生活和革命战争联系起来了，把革命的工作方法问题和革命的工作任务问题同时解决了。说他们是革

命的良好组织者和领导者，又是群众生活的良好组织者和领导者。

当年方志敏听到毛主席的表彰也深受鼓舞。他在敌人监狱中写的《我从事革命斗争的略述》一文中讲：毛主席"这段评语，更加提醒我们对苏维埃工作主要的注意点，使我们更加兴奋地去加紧工作"。他要求"赣东北的同志们，要努力工作，保持这个可宝贵的荣誉呵！"

新中国成立以后，毛主席多次回忆和谈起方志敏同志。毛主席在读《新唐书》看到徐有功传时，为徐有功的耿直公道、为法献身的精神所感动。毛主席在点评批注中赞扬岳飞、文天祥和瞿秋白、方志敏等古往今来的杰出政治家、民族英雄"以身殉志，不亦伟乎！"毛主席称颂方志敏"是个大智大勇、很有才华的共产党员。他死的伟大，我很怀念他"。

清贫园

方志敏烈士之墓

中华爱国人物故事
ZHONGHUA AIGUO RENWU GUSHI